Los mejores chistes machistas

ROBIN
BOOK

© 2010, Ediciones Robinbook, s. l., Barcelona
Diseño de cubierta: Regina Richling
Ilustración de cubierta: iStockphoto © Brett Lamb
Diseño interior: MC producció editorial
ISBN: 978-84-9917-081-7
Depósito legal: B-32.325-2010

Impreso por Gràfiques92, S.A., Avda. Can Sucarrats, 91,
08191 Rubí

Impreso en España - *Printed in Spain*

La mujer y la sartén...

... en la cocina estén

—¿Cuántos negros hacen falta para limpiar una cocina?
—Ninguno, eso es trabajo de mujeres.

—¿Cuál es el femenino de dormir la siesta?
—Fregar los cacharros.

—¿Cómo dar más libertad a una mujer?
—Ampliándole la cocina.

—Una mujer viendo la TV, los platos sin fregar y la cocina sucia.
—¿Cuál es el problema?

—La cadena es demasiado larga y le permite llegar hasta el salón.

—¿Por qué tienen las mujeres cuatro neuronas?
—Una para cada fogón de la cocina.

—¿Por qué una mujer es la sal de la vida?
—Porque su lugar de mayor utilidad es la cocina.

—¿Qué hace una mujer cuando sale de la cocina?
—Turismo.

—¿Por qué las mujeres no necesitan coche?
—Por que del dormitorio a la cocina son sólo unos pasos.

—¿Por qué las mujeres no saben esquiar?
—Porque en la cocina no hay nieve.

—¿Qué hace una mujer fuera de la cocina?
—Espera que se seque el piso.

—¿Cuál es el femenino de «echarse una siesta»?
—Fregar los platos.

—¿Por qué tienen piernas las mujeres?
—Para ir del dormitorio a la cocina.

—¿Por qué las mujeres tienen los pies más cortos que los hombres?
—Para poder acercarse más al fregadero.

—¿Por qué las mujeres no saben nadar?
—Porque no caben en el lavaplatos.

—¿Sabes por qué las mujeres van vestidas de blanco el día de la boda?
—Para hacer juego con el microondas, la nevera, la lavadora…

—¿Por qué las mujeres no van a Marte?
—Porque todavía no han terminado de limpiar la Luna.

—Una mujer y un hombre saltan desde un piso 20, ¿quien llega primero al suelo?
—1. El hombre, porque la mujer se para a limpiar las ventanas.
—2. El hombre, porque la mujer va preguntando ¿es por aquí?, ¿es por aquí?

¿Cuándo irá la mujer a la Luna?
Cuando haya que limpiarla.

—¿Cuál es el miembro más largo de una mujer?

—La escoba.

—Se levanta el telón y aparece una mujer planchando, otra fregando y otra cocinando. Se cierra el telón.

—¿Cómo se llama la película?

—Un mundo perfecto.

—Son las 12 del mediodía, y una mujer va tranquilamente conduciendo, cuando de repente se le cruza un automóvil de un borracho a toda velocidad en un coche robado y choca con ella.

—¿Quién tiene la culpa?

—La mujer, porque a esa hora tenía que estar preparando la comida.

—¿Cuál es el coche que han sacado a la venta exclusivamente para mujeres?

—El Ford Scortch Brite.

—¿Cuál es la última botella que abre una mujer en una fiesta?
—La del lavavajillas.

—¿Qué significa ayudar en la limpieza de la casa?
—Levantar los pies cuando la mujer pasa la aspiradora.

—¿Cuántas neuronas tiene una mujer moderna?
—Una, porque solo tiene que vigilar el microondas.

—¿En qué se parece una mujer a una lavadora?
—En que tú les echas polvos y te lavan la ropa.

—¿En qué se parecen las mujeres a los cristales?

—En que el que la jode, paga.

—¿En qué se parece una mujer a una sartén?

—Hay que esperar a que se caliente antes de meter la carne.

—¿Qué hace una mujer fuera de la cocina?

—Esperando a que se seque el suelo.

—¿Qué hace una mujer entre una lavadora y una secadora?

—Una foto familiar.

—¿Por qué los hombres no les dejan el coche a las mujeres?

—Porque de la habitación a la cocina no hay carretera.

—¿Cuál es el astro de la mujer?
—El astropajo.

—No existe mujer fea, lo que falta es vino.

—Una mujer le está friendo unos huevos para el desayuno a su marido, cuando de pronto, éste entra en la cocina y dice:
—¡Cuidado, cuidado! ¡Ponle un poco más de aceite, por Dios! ¡Estás cocinando demasiados al mismo tiempo! ¡Demasiados! ¡Dales la vuelta! ¡Dales la vuelta ahora! ¡Necesitamos más aceite, por Dios! ¡¿Dónde vamos a conseguir más aceite?! ¡Se van a pegar! ¡Cuidado, cuidado, dije cuidadooo! ¡Nunca me haces caso cuando cocinas, nunca! ¡Cuidado, dales la vuelta! ¡Rápido! ¡Estás loca! ¿Perdiste la cabeza? ¡No te olvides de echarles sal! ¡Sabes que siempre te olvidas de la sal, usa la sal, usa la maldita sal!
La mujer lo mira con asombro:
—¿Qué coño te pasa? ¿Crees que no puedo freír un par de huevos?

—El marido sonríe y contesta calmadamente y le dice:

—Sólo quería mostrarte lo que se siente cuando voy conduciendo contigo en el coche.

—¿Cuáles son las 70 cosas que puede hacer una mujer?

—El 69 y limpiar.

—¿Por qué a las mujeres las llaman las tres «F»?

—Fregar, freír, follar.

¡Maríaaaaa! ¡Hazme la primitiva!
¡Uuuuh! ¡Uuuh! ¡Uuh!

—¿Qué hay que hacer para ampliar aún más la libertad de una mujer?

—Enchufar la plancha a un alargue.

—¿Cuál es la diferencia entre un microondas y una mujer?

—El microondas no grita cuando metes un pedazo de carne.

—¿En qué se parece una mujer a una patata frita?

—En que las dos hacen mucho ruido cuando se las están comiendo.

—¿En qué se parece una mujer embarazada a una rebanada de pan quemado?

—En que su pareja no la sacó a tiempo.

—¿En qué se parece una mujer a una olla de presión?

—En que todo lo que se le mete duro, sale blando.

🐷

—¿Cuál es la mujer ideal?

—La que después de hacer el amor se transforma en pizza.

🐷

—¿En qué se parecen las mujeres al ketchup?

—En que sólo sirven para dar sabor a la salchicha.

🐷

—¿Cómo sabes si una mujer ha abierto tu refrigerador?

—Porque encuentras lápiz de labios en tus pepinos.

🐷

—¿En qué se parecen las mujeres y el pollo frito?

—En que cuando te comes la pechuga y los muslos solo queda una caja grasienta.

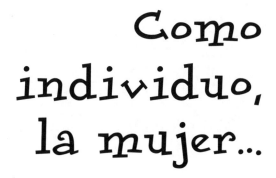

Como individuo, la mujer...

...es un ser endeble y defectuoso

—¿Cuál es el día de la mujer?
—El día menos pensado.

—¿Cuál es la mujer perfecta?
—Un travesti.

—¿Cuándo pierde una mujer el 90% de su inteligencia?
—Cuando se queda viuda.
—¿Y el otro 10%?
—Cuando se le muere el perro.

—¿Por qué hizo Dios antes a la mujer que al hombre?

—Porque con los errores se aprende.

—¿Por qué una mujer no puede ser guapa e inteligente?

—Porque sería un hombre.

—¿Cómo hacer feliz a una mujer el sábado?

—Contándole un chiste el miércoles.

—¿Por qué una mujer se conforma con hacer un puzzle en seis meses?

—Porque en la caja ponía de dos a tres años.

—¿Qué hace una mujer con un folio en blanco en alto?

—Reclamar sus derechos.

—¿Qué es lo último que se oyó en el *Titanic*?
—!!!NO LE DEJES EL TIMÓN A ELLA¡¡¡

—¿Qué hace una neurona en el cerebro de una mujer?
—Turismo.

—¿Y dos neuronas?
—No se sabe, aún no se ha dado el caso.

—¿Cómo llamarías a una mujer con medio cerebro?
—Prodigio.

¿Qué es para una mujer
un pasillo muy largo?
Un laberinto.

—¿Qué es más difícil de hacer un muñeco de nieve hombre o mujer?

—Mujer porque su cabeza está hueca.

—¿Por qué las mujeres tienen cuatro labios?

—Dos para decir jilipolleces y dos para arreglarlas.

—Dios le hizo pagar a la mujer su pecado con sangre, pero fue bondadoso y le permitió pagar en cómodas mensualidades.

—¿Cuántas veces se ríe una mujer de un chiste?

—«3 veces». 1 cuando se lo cuentan, 2 cuando se lo explican y 3 cuando lo entiende.

—¿Por qué se dice que la cerveza tiene hormonas femeninas?

—Porque cuando la bebes conduces mal, dices tonterías y nadie te hace caso.

—¿En qué se parecen las mujeres a las reglas aritméticas?

—En que suman disgustos, restan alegrías, multiplican gastos y dividen opiniones.

—Un inglés y un argentino van caminando por la calle, cuando el inglés le dice:

—You know Pepo, yesterday I bought a nice «Collar de perlas» a mi mujer—. Pepo lo mira muy asombrado, entonces el inglés le dice: —Sorry Pepo, ayer le acabo de comprar un «collar de perlas» a mi mujer para cuado vamos de paseo—. Pepo lo mira nuevamente y le dice: —Verdad, ¡que bien!, mira yo en cambio dejo caminar a mi mujer libremente por donde ella quiere.

—Un hombre tiene novia y mientras lo hace le dice:

—Haaaaaaay, duele!!!

—Un hombre tiene una amante y durante el momento le dice:

—Haaaaaay, siiigueee!!!

—Un hombre está casado y la esposa le dice:

—Haaaaaay que pintar el techo!!!

—¿Por qué las mujeres no pueden ser curas?

—Porque no guardarían el secreto de confesión.

—¿Qué tienen las mujeres una vez al mes y que les dura 3 o 4 días?

—El sueldo del marido.

—¿Por qué dicen que algunas mujeres son unas brujas?

—Porque levantan cosas sin tocarlas.

☺

—¿En qué se parece una mujer a una gasolinera?

—En que tienen de cintura para abajo super, de cintura al cuello normal, y de cuello para arriba, sin plomo.

☺

—¿En que mes hablan menos las mujeres?

—En febrero, sólo tiene 28 días.

☺

—¿Qué diferencia hay entre una hechicera y una bruja?

—Cinco años de matrimonio.

☺

—¿Qué hacer para que una mujer le brillen los ojos?

—Ponerle una linterna en la oreja.

—Está Adán en el Paraíso solo y aburrido, busca a Dios y le dice:

—Por qué no me haces un compañero.

—A lo que Dios le contesta:

—No hay problema, pero que te va costar un ojo, una pierna, un pulmón y las dos manos.

—Adán se queda pensativo y le dice:

—¿Y por una costillita que me darías?

—Hay una mujer tirada en el suelo y un montón de serrín alrededor de la cabeza.

—¿Qué ocurrió?

—Tuvo un derrame cerebral.

—Concentrada, la esposa se acerca a su marido y dice:

—Raúl, yo estaba pensando que…

—Él la interrumpe y le dice:

—¿Pero para qué Teresa? !El médico te dijo que hagas la vida de siempre y que no andes con cosas raras!

—¿En qué se diferencian un hombre con una bata blanca y una mujer con una bata blanca?

—En que el hombre es médico y la mujer churrera.

☺

—¿En qué se parecen una esposa y una cazadora de piel?

—Las dos salen carísimas, no te calientan un carajo y, encima, te duran toda la vida.

☺

—¿En qué se parecen las tetas de las mujeres y los dibujos animados?

—En que están hechos para niños y entretienen a los mayores.

Era una mujer tan tonta, tan tonta, pero que tan tonta, que hasta las amigas se dieron cuenta.

—¿En qué se parecen los chistes machistas y los chistes de gallegos?

—En que los dos se basan en la falta de inteligencia de una parte de la humanidad.

—¿Y en qué se diferencian?

—En que los gallegos los entienden.

☺

—Un hombre dice a su novia:

—María, ahora mismo te la voy a meter hasta el fondo.

—Joder, podrías ser algo más romántico, —le dice ella.

—Esta bien, María, a la luz de la luna, te la voy a meter hasta el fondo.

☺

—¿Qué parte del hombre le gustaría a la mujer tener dentro de su cuerpo más a menudo?

—El cerebro.

☺

—Una mujer está atrapada en un ascensor con un hombre; la mujer empieza a meterle mano y dice:

—Hazme mujer.

El hombre se quita los pantalones y dice:

—Plánchamelos.

😜

—¿En qué se parece una esposa a una batita de cuando un hombre era bebé?

—Que está arrugada hace tiempo, al tipo le da lástima tirarla, y no puede creer que esa cosa lo haya calentado alguna vez.

😜

—¿Por qué las mujeres no pueden ser curas?

—Por el secreto de confesión.

😜

—Se estrella un avión, y los únicos supervivientes son dos mujeres y un hombre. Para no morir de hambre, deciden que se cortarán partes del cuerpo y se las comerán. Se ofrece voluntaria una mujer y se corta un brazo, y así, ese día comen brazo asado. A los pocos días, cuando el hambre aprieta, la otra mujer se ofrece también voluntaria, se corta las dos manos y se las comen fritas. A la semana, las mujeres no paran de recriminar al hombre para que se corte algo y entonces, va y se baja los pantalones, y las mujeres exclaman:

—¡Que bien!, ¡rabo de toro!

—Y el hombre dice:

—¡De eso nada un vasito de leche para cada una y a dormir!

—¿Por qué los hombres pensamos mucho y las mujeres hablan mucho?

—Porque los hombres tenemos dos cabezas y las mujeres cuatro labios.

—Una pareja que está en el juzgado divorciándose discute sobre de la custodia de la hija.

—La mujer se levanta y le dice al juez:

—Yo traje a esta niña al mundo con dolor, por tanto, la custodia me corresponde a mí.
—El juez se dirige al marido y dice:
—¿Qué tiene que decir en su defensa?
—El hombre se sienta por un rato contemplando, luego dice lentamente:
—Señor Juez, si usted mete una moneda en una máquina de bebidas y sale una Pepsi, ¿de quién es la Pepsi, de la máquina o suya?

—¿En qué se parecen las mujeres a los donantes?
—Que en cuanto se abren aparecen amigos por todos lados.

—¿Cómo elegir una mujer tonta entre cien?
—Al azar, seguro que aciertas.

—¿Por qué la Estatua de la Libertad es mujer?
—Porque necesitaban un sitio hueco para el mirador.

—¿Conoces el último modelo de cámara fotográfica japonesa ultrarrápida?
—No.
—Pues es tan rápida que pilla a las mujeres con la boca cerrada.

😸

—¿Qué tiene una mujer de cuarenta años entre las tetas que no tiene una de veinte?
—El ombligo.

😸

—¿Qué hace una mujer sin piernas arrastrándose por el desierto?
—Croquetas.

😸

—¿Sabes que hay detrás de una mujer inteligente?
—Un hombre sorprendido.

😸

—¿En qué se parece una mujer a un paracaídas?
—En que si no se abre no sirve para nada.

—¿Qué hace una neurona pensante en el cerebro de una mujer?

—¡Eco!

—¿Por qué Dios les hizo el pene a los hombres?

—Porque es lo único que hace callar a las mujeres.

¿Cuándo una mujer tiene
dos neuronas?
Cuando esta embarazada
de una nena.

Esas modelos tan...

... tontas

—Una modelo estaba en su apartamento de lujo disfrutando de su día de descanso. Como no sabía qué hacer, decidió ponerse a montar un puzzle. Tomó la caja, la desparramó encima de la mesa y se puso manos a la obra.

—A los dos minutos de haber comenzado, llama desesperada a su novio con el móvil, en medio de una crisis nerviosa:

—Hola, Gordi… Porfa, ¡me tienes que ayudar *now*!!! Quise ponerme a montar el puzzle de un tigre, tal cual está en la foto de la caja, y todavía no he podido poner ni siquiera la primer pieza…

—Como el novio era un experto en el tema de montar puzzles accedió de buena gana al pedido de su amada y se fue hasta la casa de la modelo.

—Cuando llegó y después de analizar brevemente la situación, le dijo:

—En primer lugar, creo que tienes razón, es imposible montar un tigre con estas piezas... En segundo lugar, ves armándote de paciencia y mete todos los terrones de azúcar adentro de la caja...

—Una modelo rubia impresionante entra en un centro de comunicaciones mundiales para enviar un mensaje transcontinental a su madre.

—Cuando el hombre le dice que le costará 300 euros, ella exclama:

—¡Cielos!, no tengo ese dinero. Pero necesito, como sea, enviar ese mensaje a mi madre.

—El hombre arquea una ceja (como podemos imaginar).

—¿Como sea?— pregunta.

—Sí, sí, por favor— exclama la modelo rubia.

—Bien entonces, simplemente sígame— dice al hombre caminando hacia la trastienda.

—La modelo rubia le sigue.

—Entre y cierre la puerta— dice el hombre.

—Ella así lo hace. Entonces él dice:

—Ahora póngase de rodillas.

—Ella extrañada obedece.

—Bájeme la cremallera del pantalón.

—Así lo hace ella.

—Ahora sáquemela...— dice él, ya bien excitado.

—Ella mete su mano, lo alcanza, lo saca... hace una pausa, todavía dudosa. El hombre cierra sus ojos y excitadísimo susurra casi sin voz:

—Bien, ...adelante.

—La modelo, despacio, acerca sus labios mientras lo sostiene y... lentamente, dice:

—¿Hola. Mamá, me puedes oír?

—Una modelo está siendo violada y viene *El Zorro* al rescate. El Zorro le da una paliza al violador y lo marca la Z con la espada. La modelo lo ve y le dice:

—¡Ay!, muchísimas gracias, *Zuperman*.

—Una modelo encarga una pizza y el pizzero le pregunta si la corta en 6 o en 8 porciones.

—Córtela en 6… sería incapaz de comerme 8 porciones.

—Están dos modelos en un estacionamiento intentando abrir un coche con un alambre porque una de ellas olvidó las llaves adentro.

—¡Date prisa que está empezando a llover!

—Y la otra contesta:

—¡Da lo mismo! Igualmente nos vamos a mojar, ¿no ves que la capota está bajada?

—Una modelo queda embarazada por segunda vez y le pregunta a su marido:

—¿Tenemos que casarnos otra vez?

—Una mañana, una modelo se despierta en un vestuario junto a un muchacho y le pregunta:

—¿Dónde está el resto del equipo?

—El novio:

—¿Por qué nunca gritas mi nombre cuando acabas?

—La modelo:

—Porque nunca estás cuando eso pasa.

Diario de ella:

«El sábado por la noche lo encontré raro. Habíamos quedado en un bar para tomar una copa. Estuve toda la tarde de compras con unas amigas y pensé que era culpa mía, porque llegué un poco tarde, aunque él no hizo ningún comentario.

La conversación no era muy animada, así que le propuse ir a un lugar más intimo para poder charlar más tranquilamente. Fuimos a un restaurante y el seguía portándose de forma extraña. Estaba como ausente. Entonces pensé que sería culpa mía por el retraso, o quizás algo más serio rondaba por su cabeza.

Le pregunté y me dijo que no tenía nada que ver conmigo. Pero no me quedé convencida. En el camino de regreso a casa, en el coche, le dije que lo quería mucho y él se limitó a pasarme el brazo por los hombros, sin contestarme. No sé como explicar su actitud porque no me dijo que él también me quería.

Llegamos por fin a casa y en ese momento pensé que quería dejarme. Por eso intenté hacerle hablar, pero encendió la tele y se puso a mirarla con aire distante, como haciéndome ver que todo había acabado entre nosotros. Por fin desistí y le dije que me iba a la cama.

Más o menos diez minutos más tarde, él vino también y, para mi sorpresa, correspondió a mis caricias e hicimos el amor. Pero seguía teniendo un aire distraído.

Después quise afrontar la situación , hablar con él cuanto antes, pero se quedó dormido. Empecé a llorar y lo hice durante horas hasta que quedé dormida.

No se que hacer. Estoy casi segura que sus pensamientos están con otra mujer. Mi vida es un auténtico desastre.»

Diario de él:

«El Madrid perdió. Al menos eché un polvo.»

En un estadio, cuando los espectadores hicieron «la ola», 294 modelos murieron ahogadas.

Preguntas y respuestas sobre las modelos

—¿Qué hace una modelo con la nariz llena de *Nutra Sweet*?

—Pensó que era cocaína dietética.

—¿Cuál es la ventaja de casarse con una modelo?

—En que puedes estacionar en los lugares para discapacitados.

—¿Por qué una modelo tarda tanto en un semáforo?

—Porque espera su color favorito.

—¿Cómo se ahoga a una modelo?

—Poniendo un espejo en el fondo de la piscina.

—¿Cuántos chistes de modelos existen?

—Ninguno, son historias verídicas.

—¿Por qué las modelos se lavan el pelo en
la fregadera de la cocina?

—Porque es donde se lavan los vegetales.

—¿Qué hace una modelo cuando le dices
que el 90% de los accidentes ocurren en
casa?

—Se muda.

—¿Qué es lo primero que hace una modelo
por la mañana?

—Vuelve a su casa.

—¿Cual es la frase favorita de una modelo?

—«Ay, no sé».

—¿En qué se parecen una modelo leyendo un libro y un actor de película muda?

—En que ambos mueven los labios, pero no se oye nada.

—¿En qué se parece una modelo y una bombilla fundida?

—En que una es tan brillante como la otra.

—¿Qué es una modelo inteligente?

—Una contradicción.

—¿Qué hay que hacer para callar a una modelo?

—Preguntarle: «¿En qué estas pensando?»

—¿Cuál es la diferencia entre un Porsche y una modelo?

—Uno no le prestaría el Porsche a un amigo.

—¿Cuál es la diferencia entre una modelo inteligente y los OVNIs?

—Que los OVNIs han sido vistos.

—¿Qué hace una modelo para matar un pez?

—Intenta ahogarlo.

—¿Cómo te das cuenta si un fax fue enviado por una modelo?

—Porque tiene pegado un sello de correos.

—¿Qué hace una modelo frente al espejo con los ojos cerrados?

—Quiere saber cómo se ve cuando duerme.

—¿Por qué una modelo deja de tener hijos después del tercero?

—Porque leyó que un niño de cada cuatro era chino.

—¿Por qué se dice que las modelos tienen las tetas de agua?

—Porque cuando se las tocan se mojan.

—¿Por qué una modelo murió congelada en la puerta de un cine?

—Estaba esperando que abriesen para ver «Cerrado en invierno».

—¿Cómo puedes saber si le gustas a una modelo?

—Si se acuesta contigo dos noches seguidas.

¿Por qué se desmaya una modelo?
Porque se olvidó de respirar.

—¿Qué entiende una modelo por «sexo seguro»?

—Cerrar la puerta del coche.

—¿Para qué las modelos usan coletas cuando se peinan?

—Para que la gente no les vea la válvula.

—¿Cómo hace una modelo para encender la luz después de hacer el amor?

—Abre la puerta del coche.

—¿Por qué a una modelo no le gusta el volante del automóvil de su novio?

—Porque le golpea la cabeza.

—¿Cómo se sabe si una modelo, en un ordenador, está utilizando un procesador de textos?

—Porque está aplicando líquido corrector al monitor.

—¿Por qué se desorientan las modelos en los vestuarios?

—Porque se tienen que desnudar ellas mismas.

—¿Qué hace una modelo después de hacer el amor?

—Se presenta.

—¿Qué es una modelo con mal olor?

—Una modelo patas para arriba.

—¿Cómo se llama a una modelo que ganó la lotería?

—Dinero fácil.

—¿Por qué las modelos se pintan los labios de rojo?

—Porque rojo significa: «Pare... ¡agujero incorrecto!».

—¿Cómo mueren las neuronas de las modelos?

—Solas.

—¿Qué le dijo la pierna derecha de una modelo a la izquierda?

—Nada, nunca se conocieron.

—¿Por qué las modelos no comen plátanos?

—Porque no encuentran la cremallera.

—¿Cómo se llama a la ayudante que está al lado de una modelo?

—La intérprete.

—¿Qué haces para que una modelo cambie de parecer?

—La invitas a otra cerveza.

—¿Qué dicen las modelos después de hacer el amor?

—«Gracias, muchachos.»

—¿Por qué las modelos no llegan al orgasmo?

—¿A quién le importa?

—¿Cómo sabes si una modelo llegó al orgasmo?

—Porque dice: «¡El siguiente!»

—¿Cómo se llama cuando una modelo le sopla al oído a otra modelo?

—Transferencia de datos.

—¿Qué son 10 modelos una al lado de la otra oreja con oreja?

—Un túnel de viento.

—¿Qué hay que hacer cuando una modelo te arroja una granada?

—Quitarle el seguro y tirársela a ella.

—¿Por qué una modelo deja de tomar la «píldora»?

—Porque ya pasa de largo.

—¿Por qué una lavadora es mejor que una modelo?

—Porque la lavadora no te sigue durante una semana por haberle echado unos polvos.

—¿Qué tienen en común una botella de cerveza y una modelo?

—Que las dos tienen aire del cuello para arriba.

—¿Qué haces para entretener a una modelo durante horas?

—Escribes: «Por favor, de vuelta a la hoja» en ambos lados de una hoja.

—¿Qué es lo molesto de acostarse con una modelo?

—Tus amigos esperando su turno.

—¿Qué ves cuando miras una modelo a los ojos?

—La nuca del lado de adentro.

¿Por qué las modelos
no hablan mientras hacen el amor?
Porque sus madres les dijeron
que no hablen con extraños.

—¿Qué hace un esqueleto en un armario?
—Es una modelo jugando al escondite.

—¿Cómo se llama a una modelo al volante?
—Air bag.

—¿Cómo se llama a una modelo en una universidad?
—Una visitante.

—¿Por qué una modelo no puede disparar al aire?
—Porque siempre falla.

—¿Cuáles son los peores seis años en la vida de una modelo?
—El tercer curso de secundaria.

—¿Por qué el cerebro de una modelo tiene el tamaño de un cacahuete?

—Porque está inflamado.

—¿Qué come una modelo virgen?

—Comida para bebés.

—¿Por qué una modelo no escucha la radio después de las 12?

—Porque tiene una radio AM.

—¿Qué es lo que tiene un coeficiente intelectual de 7?

—8 modelos.

Carta de una modelo a su madre

—Querida Mamá:

—Te escribo porque, bueno, porque nada, porque hace mucho que no nos vemos.

—¿Me teñí, viste?

—Te escribo despacio porque se que ya estás vieja y no puedes leer tan rápido.

—Si recibes esta carta es porque te llegó, si no, avisáme y te la mando de nuevo...

Hay mujeres bellas,...

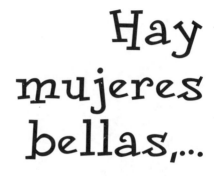

... pero no hay mujeres perfectas

—¿Qué se puede hacer con 5 mujeres?
—Un mal equipo de baloncesto.
—¿Y con 11 mujeres?
—Un mal equipo de fútbol.
—¿Y con 18 mujeres?
—Un buen campo de golf.

—El fútbol es un juego de inteligencia. Por eso a las mujeres no les gusta.

—¿Cuál es la diferencia entre una bola de bolos y una mujer?
A la bola sólo la puedes meter tres dedos.

—¿En qué se parecen las vírgenes a una ficha de parchís?
—En que las dos se corren con el dedo.

—En un estadio de fútbol con 90.000 mujeres, ¿cómo detectarías cuatro idiotas?
—Pues cualquiera.

—¿En qué se parece una mujer a una bola de bolera?
—Que a ambas les metes tres dedos, las tiras por la cuneta y las muy tontas vuelven.

¿En qué se parece la mujer
a un boomerang?
En que cuando te la «tiras»
bien, siempre regresa.

—¿En qué se parece una pelota de squash a una mujer?

—En que cuanto más fuerte le pegas, más rápido regresa.

—Están dos señores hablando y le dice uno al otro:

—Mira Patxi, creo que mi mujer es diesel.

—¿Por qué?

—Porque no chupa nada.

—Una mujer va a una casa de taxiboys a saciar su apetito sexual.

—El recepcionista le indica que tome el ascensor del fondo que la llevará a los distintos servicios del lugar.

—La mujer toma el ascensor hasta el primer piso. Se abre la puerta y aparece un cartel dice: «GORDAS Y CORTAS».

—Sigue al segundo piso, se abre la puerta y un cartel proclama: «GORDAS Y LARGAS».

—Sigue al tercer piso, el cartel dice: «FLACAS Y CORTAS».

—En el cuarto piso el cartel anuncia: «FLACAS Y LARGAS».

—La mujer decide seguir hasta el quinto piso donde aparece un cartel que dice: «ESTE PISO FUE ESPECIALMENTE DISEÑADO PARA DEMOSTRAR QUE A LAS MUJERES NO HAY NADA QUE LES VENGA BIEN».

Dios los cría...

... y ellas se juntan

—¿Por qué los huracanes siempre tienen nombre de mujer?

—Porque cuando se van se llevan tu casa, el auto…

—¿En qué se parecen las mujeres a las hormigas?

—En que si les tapas el agujero se ponen como locas.

—¿En qué se parecen las mujeres a los delfines?

—En que se sospecha que tienen inteligencia, pero aún no se ha demostrado.

—¿Por qué las mujeres no pueden tener el síndrome de las vacas locas?

—Porque es una enfermedad del cerebro.

ॐ

—¿En qué se parecen las mujeres a las nubes?

—¡En que si se van, el día es perfecto!

ॐ

—Están dos amigos y uno le pregunta al otro:

—¿Sabes cuál es el animal que es animal dos veces—. El otro le responde: —No—.
—El gato—, le responde, —porque es gato y araña—.

—A lo que el amigo le responde: —Entonces tu hermana también es dos veces animal. —¿Por qué?— pregunta. Y el amigo responde: —¡Por que es zorra y cobra—.

ॐ

—¿Qué haríamos sin las mujeres?

—Domesticar otra especie.

ॐ

—¿Qué le dijo una mujer a otra?

—Nada… los animales no hablan.

❦

—¿Por qué las mujeres tienen una neurona más que los caballos?

—Para que no se caguen en los desfiles.

❦

—¿Qué diferencia hay entre un hombre, una mujer y una foca?

—El hombre puede fabricar varias pelotas en una hora.

—La foca puede mantenerlas en equilibrio durante un día.

—Y la mujer es capaz de romperlas toda la vida.

❦

—¿Qué tienen en común la mujer y el pescado?

—En ambos casos, todo es aprovechable, salvo la cabeza.

❦

—¿Porqué las mujeres son mujeres y las ratas son ratas?
—Porque las ratas eligieron primero.

—¿Cuál es la diferencia entre una mujer y
una vaca?
—La mirada inteligente de la vaca.

—¿Cuál es la diferencia entre una gorda y
una morsa?
—Que una es torpe, tiene bigotes y esta llena de grasa y la otra vive en el agua.

El ser humano es un animal
inteligente... salvo la excepción
que tiene la regla,
por supuesto la mujer.

—¿Qué haríamos si las mujeres desaparecen de la faz de la Tierra?

—Domesticaríamos otro animal.

—¿Qué le pasa a una mujer que se traga un mosquito?

—Tiene más cerebro en el estómago que en la cabeza.

🐌

—¿Por qué los perros son mejores que las mujeres?

—Tu perro no llora.

—Tu perro adora que tus amigos te visiten.

—A tu perro no le molesta que uses su champú.

—Tu perro piensa que cantas bien.

—Mientras más tarde llegues, tu perro más se alegra de verte.

—Tu perro te perdona si juegas con otros perros.

—Tu perro no se da cuenta si le dices el nombre de otro perro.

—Todo el mundo puede tener un perro bonito.

—Tu perro adora que dejes cosas tiradas en el suelo.

—Los perros no van de compras.

—El carácter de tu perro es el mismo todo el mes.

—Tu perro nunca necesita «examinar la relación».

—Los padres de tu perro nunca te visitan.

—Los perros no odian su cuerpo.

—Los perros no critican.

—Los perros nunca esperan regalos.

—Es legal mantener encadenado tu perro.

—Los perros no usan tu ropa.

—Tu perro te encuentra divertido cuando estas ebrio.

—Los perros no HABLAN.

—Los perros no son maliciosos con su dueño.

—¿Por qué dio Dios una neurona más a las mujeres que a las vacas?

—Para que al tocarles las tetas no mugieran.

—¿Por qué existen las mujeres?
—Porque las ovejas aún no saben coser.

🐍

—¡Mamá, mamá me picó una víbora!
—dice la niña.
—¿Cobra?
—¡No, gratis!

🐍

—¿Qué es una mujer montada en un burro?
—Un burro de dos pisos.

🐍

—¿En qué se diferencian una mujer y un perro?
—En el precio del collar.

🐍

—¿Qué es una mujer encima de una vaca?
—Una vaca de dos pisos.

🐍

—¿Qué animal pesa 700 kilos por la mañana, 300 en el mediodía y 7 por la noche?
—La mujer, porque al levantarse su marido
le dice: —apartate vaca—; en el mediodía le
dice: —vamos a ver que hizo la cerda de mi
mujer para comer—; y por la noche no para
de decir: —ven acá conejito—.

~

—¿En qué se parece la mujer a una foca?
—Que cuando ven pelotas, aplauden.

~

—Las mujeres son como los doberman, por
la mañana te ladran, por la tarde te gruñen
y por la noche te ignoran.

Las mujeres deben respetar
a los hombres...
y los hombres deben respetar
a los animales.

—¿En qué se parecen las mujeres y las almejas?

—En que cuando se calientan se abren.

—¿Por qué las mujeres tienen piernas?

—Porque sino irían dejando rastro como las babosas.

—¿Qué harían los hombres sin las mujeres?

—Domesticarían otro animal y esta vez no le enseñarían a hablar.

—¿Cuál es la diferencia entre una foca y una mujer?

—Que una es gorda, tiene bigote y huele a pescado y la otra vive en el agua.

—¿Por qué se casan los hombres?

—Porque las cabras no lavan los platos.

—Si tienes a tu esposa golpeando y gritando en la puerta de la calle para que le abras y el perro ladrando en la puerta del balcón, ¿a quien le abres primero?

—Al perro, por supuesto, ya que una vez dentro por lo menos dejará de ladrar.

—¿Por qué la mujer es el animal más inteligente?

—Porque es el único capaz de: Meter un miembro entre paréntesis, elevarlo a su máxima potencia, sacarle el factor común y reducirlo a su mínima expresión.

—¿En qué se parecen una mujer y un pez?

—En que el pez mueve la cola y se va, y la mujer mueve la cola y se viene.

—¿Cual es el gallinero más pequeño del mundo?

—El coño, porque metes la polla y no te cabe nada más.

—¿En qué se parece un perro a las tetas de una mujer?

—En que de día los amarran y de noche los sueltan.

—Una pareja de esposos están en el zoológico y pasan por la jaula del gorila macho.

—La mujer dice: —Querido ¿sabes que los gorilas son los animales más parecidos al ser humano encuanto a su comportamiento?

—Observa, le voy a enseñar un seno, aprovechando que no hay gente, y seguro que se va a excitar igual que un hombre.

—La mujer le muestra un seno y el gorila se empieza a excitar y comienza a mover los barrotes de la jaula.

—La mujer dice: —Ves , ahora me doy cuenta de porqué eres así, los hombres no pueden controlar sus instintos animales al igual que el gorila.

—El esposo, excitado, le dice: —Ahora muéstrale los dos, a ver qué pasa.

—La mujer le muestra los dos senos y el gorila se excita aún más y se desespera por salir.

—El esposo le dice: —Es increíble cómo reacciona el gorila, ahora súbete la falda y muéstrale el trasero... a ver qué pasa...

—La mujer se sube la falda y le muestra el trasero, a lo que el gorila, completamente excitado rompe las barras de la jaula, agarra a la mujer y le empieza a querer quitarle la ropa y desnudarla.

—La mujer dice: —Querido, ¡socorro! ¿Qué hago? ¡Ayúdame!

—Y el marido le dice: —Ahora sí..., a ver explícale al puto gorila...

—Que no tienes ganas.

—Que te duele la cabeza.

—Que estás cansada.

—Que te entienda como mujer.

—Que estás deprimida.

—Que solamente te abrace.

—

—¡Ahora te quiero ver... !

El duro mundo...

... de las rubias

—¿Qué es una rubia teñida de moreno?
—Una inteligencia artificial.

—¿Sabes cómo hacer reír a una rubia un lunes por la mañana?
—Contándole un chiste el viernes por la noche.

—¿Por qué las rubias no saben escribir el número 11?
—Porque no saben qué «1» va primero.

—¿Qué es para una rubia, algo largo y duro?
—El tercer grado de la primaria.

—¿Cómo sabes si una rubia tuvo un orgasmo?

—Porque se le cae la bolsa de patatas fritas.

—¿Por qué las rubias son como las vías del ferrocarril?

—Porque han sido tendidas por todo el país.

—¿Qué preguntan las rubias después de que su doctor les dice que están embarazadas?

—¿Es mío?

—¿Cómo enseñarías matemáticas a una rubia?

—«Suma una cama, resta tus ropas, divide tus piernas, inserta la raíz cuadrada, y reza para que no se multiplique».

—¿Qué tienen en común una rubia oxige-
nada y un avión de pasajeros?
—Los dos tienen una caja negra.

—¿En qué se parecen las rubias a las tortu-
gas?
— En que las dos están perdidas en cuanto
se tumban sobre su espalda.

—¿Cómo le llamas a un rubia lesbiana?
—Un verdadero desperdicio.

—¿Por qué las rubias no usan vibradores?
—Porque les lastiman los dientes.

¿Por qué los chistes de rubias
ocupan dos lineas o menos?
Para que ellas puedan entenderlos.

—¿Qué dice la mamá de la rubia antes de su cita?

—Si no estás en cama antes de las 12, regresa a casa.

100 razones por las que...

... es mejor ser hombre

—Las conversaciones telefónicas duran 30 segundos.

☺

—En las películas los desnudos son casi siempre femeninos.

☺

—Sabes cosas sobre autos y tanques.

☺

—Las vacaciones de cinco días requieren solo una maleta.

☺

—Fútbol los domingos.

—No tienes que entrometerte en la vida sexual de tus amigos

—Las colas al baño son 80% menores

—A los viejos amigos no les importa si subiste o bajaste de peso.

—En las peluquerías no te roban.

—Mientras haces zapping, no tienes que parar cada vez que ves a alguien llorando.

—Tu culo no es un factor en entrevistas de trabajo.
—Todos tus orgasmos son reales.

—Una tripa de cerveza no te hace invisible al otro sexo.

—Locos con máscaras de hockey no te atacan.

—No tienes que llevar un bolso lleno de cosas inútiles a todos lados.

—No tienes que arremangarte la falda cada vez que subes una escalera en un lugar público.

—Puedes ir al baño sin necesidad de ir en grupo.

—Tu apellido se mantiene.

—Puedes dejar la cama de un hotel sin hacer.

—Cuando tu trabajo es alabado, no tienes que pensar que todos secretamente te odian.

—Puedes matar tu propia comida.

—El garaje es todo tuyo.

—Te dan mas crédito por el menor acto de inteligencia.

—Ves el humor en los términos de matrimonio.

—Nadie piensa secretamente si «tragas».

—Puedes estar bañado y listo en 10 minutos.

—En el sexo nunca tienes que preocuparte por tu reputación.

—Los planes de la boda se arreglan solos.

—Si alguien se olvida de invitarte a algún lado, todavía puede ser tu amigo/a.

—Puedes comprar un *pack* de tres calzoncillos por tres euros.

Nunca tienes que limpiar el inodoro.

—No hace falta ser «promotora».

※

—Ninguno de tus colegas de trabajo tiene la capacidad de hacerte llorar.

※

—No tienes que afeitarte del cuello para abajo.

※

—No tienes que acurrucarte frente a un culo peludo todas las noches.

※

—Si tienes 34 años y estás soltero a nadie le importa.

※

—Puedes escribir tu nombre en la nieve (no exactamente con los dedos, ni con una manguera… ¿me explico?)

※

—Puedes apuntarte a un campeonato de mear.

—Todo de tu cara se queda del mismo color.

—El chocolate es simplemente otro *snack*.

—Puedes ser presidente (bueno, si, es cuestionable, pero...).

—Puedes disfrutar silenciosamente de un paseo en coche.

—Las flores lo arreglan todo.

—Nunca tienes que preocuparte de los sentimientos de otras personas.

—Piensas en el sexo el 90% de veces cuando te despiertas.

—Puedes llevar una sudadera blanca a un lugar con mucha agua que salpique.

—Tres pares de zapatos es más que suficiente.

—Puedes comer un plátano o un helado en lugares públicos tranquilamente.

—Puedes decir cualquier cosa y no preocuparte por lo que piensa la gente.

—«Jugar» antes del sexo es opcional.

—Luis Miguel, Diego Torres y otros cantantes de moda no existen en tu universo.

—Nadie deja de contar un buen chiste verde si entras en la habitación.

—Te puedes quitar la sudadera cuando hace calor.

—No tienes que limpiar tu apartamento cada vez que alguien te visite.

—Nunca te sientes obligado de parar a un amigo que está a punto de follar.

Los mecánicos
no te mienten.

—Te importa un carajo si alguien se da cuenta o no de tu nuevo corte de pelo.

☕

—Puedes ver televisión con un amigo, en total silencio durante horas, sin pensar «debe estar enfadado conmigo».

☕

—El mundo es tu meadero.

☕

—No tenes que inventar razones por las cuales tu amor te dejó.

☕

—Puedes saltar sin que nadie te mire el pecho y puedes dar patadas a las cosas (cubos de basura, paredes, etc.).

☕

—La cera caliente nunca se acerca a tu zona púbica.

—Un estado de ánimo todo el tiempo.

—Puedes admirar a Clint Eastwood sin matarte de hambre para tratar de parecerte a él.

—No tienes que conducir a otra estación de servicio porque está es muy sucia.

—Conoces, por lo menos, 20 formas de abrir una cerveza.

—Puedes sentarte con las piernas abiertas sin importar que estés usando.

—Mismo trabajo... más paga.

—El pelo gris y las arrugas otorgan sabiduría.

—No tienes que moverte de la habitación para poner en orden las cosas de «emergencia».

—Vestido de bodas: 2.000 euros. Traje alquilado: 100 euros.

—No te importa si alguien habla a tus espaldas.

—Siempre hay algún partido en la televisión.

—No picas en los platos de los postres de otros.

—Si retienes agua, es en una cantimplora.

—El mando a distancia es solo tuyo.

—La gente nunca echa miraditas a tu pecho cuando le hablas.

—No tienes que hacer *Gim Jazz*.

—Puedes ir a visitar un amigo sin tener que llevarle un regalo.

—Las despedidas de soltero le rompen el culo a las de soltera.

**Tienes una buena y sana
relación con tu madre.**

—Puedes comprar preservativos sin que el cajero te imagine desnudo.

—No tienes que decir que «te vas a refrescar un poco» para ir a cagar.

Si no llamas a un amigo cuando dijiste que lo ibas a llamar, no le va a decir a tus amigos que estás raro.

—Algún día, puedes llegar a ser un holgazán y viejo verde.

—Puedes racionalizar cualquier cosa con la frase: «¡A la mierda!».

—Si alguien aparece en una fiesta con tu misma gabardina, puedes llegar a hacerte amigo.

—La muerte de Lady Di fue tan solo otra muerte.

—Un buen eructo es casi casi predecible.

—Nunca te pierdes una experiencia sexual porque «no quieres».

—Piensas que la idea de patear a un perrito es gracioso.

—Si algo mecánico no funciona, le puedes pegar con un martillo y tirarlo al suelo.

—Los zapatos nuevos no le hacen nada a tus pies.

—Las películas porno están diseñadas para ti.

—No tienes que recordar fechas de cumpleaños y aniversarios.

—Que no te caiga bien una persona no impide que puedas tener buen sexo con ella.

—Tus amigos no te pueden atrapar preguntándote «y… ¿no notas algo diferente?».

—No te espían en la playa.

—Con 400 millones de espermatozoides por tirada, podrías doblar la población de la tierra, al menos en teoría.

—Recientes estudios han demostrado que la cerveza contiene hormonas femeninas.

—Después de los experimentos realizados con 100 hombres a los se les dio doce botellas a cada uno para que las ingieran en el término de dos horas se pudo comprobar que la cerveza tiene hormonas femeninas. Los resultados fueron los siguientes:

—El 95% dijo incoherencias.

—El 100% estaba inhabilitado para manejar.

—El 90% tuvo tendencia a engordar.

—El 80% se puso melancólico y lloraba por cualquier pendejada.

—El 80% quería ir a gastar dinero en estupideces.

—El 75% se sentía incomprendido.

—El 90% se puso necio y lo sabía todo.

—El 100% experimentó falta de coordinación y torpeza psicomotriz.

—El 85% fue incapaz de reconocer errores propios.

...definitivamente, sí hay hormonas femeninas en la cerveza.

Deportes y tecnología...

... es toda una utopía

—¿En qué se parecen las mujeres a las computadoras?

—Siempre hay otro que tendrá una mejor.

—Se bloquean y no hay quien las haga cambiar de actitud.

—Tanto en una mujer como en una computadora tienes que invertir mucho.

—Al poco de tener una ya quieres otra mejor.

—No hay quien las entienda, ni a las computadoras, ni a las mujeres.

—Ninguna de las dos son capaces de pensar por su cuenta.

—Las más caras suelen ser las mejores.

—Ambas tienen una ranura para introducir cosas.

—Cuando se conectan dos o más, intercambian todo…

—¿Qué es un partido doble mixto de tenis?

—Un individual de hombres con obstáculos.

—¿Qué es una mujer?

—El motor de la escoba.

—¿Cómo se sabe si una mujer ha usado el ordenador?

—Por las manchas de *tipp-ex* en la pantalla. Si hay pinta labios en el *joystick*.

—¿En qué se parecen las mujeres a los cepillos de dientes?

—En que cuanto más te las cepillas más se abren las cerdas.

—¿Qué hacen las mujeres después de aparcar?

—Darse un paseo hasta la acera.

—¿En qué se parece una mujer y un transporte público?

—En que no hay que correr tras uno porque atrás viene otro.

—Las últimas palabras que se registraron en la caja negra del *Challenger* antes de explotar fueron:

—¡Dejad que la conduzca ella!

—¿Sabes en qué se parece un globo a una mujer?

—En que el globo tiende a subir y la mujer sube a tender.

—¿Sabes cuál es la parte más dolorosa de la operación de cambio de sexo de hombre a mujer?

—Cuando te extraen el cerebro.

—El hombre descubrió las armas e inventó la caza, la mujer descubrió la caza e inventó los abrigos.

—El hombre descubrió el color e inventó la pintura, la mujer descubrió la pintura e inventó el maquillaje.

—El hombre descubrió la palabra e inventó la conversación, la mujer descubrió la conversación e inventó el chisme.

—El hombre descubrió el juego e inventó la baraja, la mujer descubrió la baraja e inventó la brujería.

—El hombre descubrió la agricultura e inventó la comida, la mujer descubrió la comida e inventó la empleada doméstica.

—El hombre descubrió la amistad e inventó el amor, la mujer descubrió el amor e inventó el matrimonio.

☺

—El hombre descubrió el comercio e inventó el dinero, la mujer descubrió el dinero y ahí se fue todo a la ¡¡¡p... que lo parió!!!

☺

—¿Qué es mejor, una pila o una mujer?
—Una pila, porque al menos tiene un lado positivo.

☺

—¿En qué se parece un globo a una mujer?
—En que el globo tiende a subir y la mujer sube a tender.

El hombre descubrió a la mujer
e inventó el sexo, la mujer descubrió
el sexo e inventó el dolor de cabeza.

—¿Cuál es el *mouse* de una mujer?

—La plancha.

—¿En qué se parecen las mujeres y las computadoras?

—Tardan mucho en arrancar, y a veces nos desesperan.

—Tanto en unas como en otras hay que invertir mucho dinero.

—En muchas ocasiones hacen los que se les da la gana y no lo que se les pide.

—Ninguna de las dos es capaz de pensar por su cuenta.

—En algunos casos no hay nadie que las entienda.

—Cuanto más dinero poseas, mejor será la que obtendrás.

—Nos asusta que el mundo sea dominado por cualquiera de las dos.

—Siempre habrá otro tipo que tendrá una mejor que la tuya.

—Si no se protegen pueden ser infectadas por un virus.

—Ambas poseen diversas ranuras.

—Siempre nos acordamos de la primera que tuvimos.

—Si posees una buena, el resto te la envidia.

—Al poco de tener una, ya queremos una mejor.

—Cuando se bloquean hay que «resetearlas».

—Las más caras suelen ser las mejores.

—Cuando se conectan dos o más, intercambian todo tipo de información.

—Si estás mucho tiempo frente a una, terminas con dolor de cabeza.

—Te pueden dejar colgado en el momento más inoportuno.

—Cuando se bloquean no hay nadie que las pueda hacer cambiar de actitud.

—No podemos cambiarla tan seguido como quisiéramos.

—En general ambas son preferidas más por los hombres que por las mujeres.

—Cuando se enchufan al teléfono, se quedan más de una hora.

—Las nuevas generaciones son mejores que las anteriores.

—Siempre se necesita mucho lugar para las cosas de ambas.

—A ambas les encantan las tarjetas.

—Planifican hasta el último detalle.

—Tanto unas como otras tienen su propio lenguaje.

—Cuanto más importante sea el despacho, las habrá de mejor calidad.

—Pasas mucho más tiempo poniéndolas a punto, que disfrutándolas.

—Nunca te satisface del todo lo que has hecho con ellas.

—Hay que tratarlas con suavidad.

—¿Por qué a las mujeres no les gusta manejar de noche?

—¡Porque las escobas no tienen luces!

—¿En qué se parecen las tetas de una mujer a un trenecito eléctrico?

—En que los dos están pensados para los niños, pero son los padres los que siempre están jugando con ellos.

—¿Cuál es el resultado de:

$$\frac{Mujeres \times Manzanas}{Mierda} =$$

—Es manzanas, porque mujeres con mierda se cancelan.

😈

—Parece que los científicos descubrieron que el alcohol es un rápido productor de hormonas femeninas.

—Efectivamente, parece que cualquier ser humano después de haber ingerido una considerable cantidad de alcohol muestra signos evidentes como:

—Conducir mal.

—Decir tonterías.

—Y ser capaz de hacer cualquier cosa.

😈

—¿Qué hace un hombre cuando tira a una mujer por una ventana?

—Contamina el medio ambiente.

—¿En qué se parece una mujer y una guitarra eléctrica?

—En que la guitarra se enchufa, se calienta y se toca, la mujer se calienta, se toca y luego se enchufa.

😊

—¿En qué se parece una mujer a un par de anteojos?

—En que si no le abres las patillas no sirven para nada.

😊

—¿Por qué las mujeres no pueden decir: me entra por un oído y me sale por el otro?

—Porque el sonido no se propaga en el vacío.

😊

—Entra una chica en una biblioteca y le pregunta al bibliotecario:

—Disculpe… ¿el libro *Grandes mujeres de la historia*?

—Mmmm… ciencia ficción en la estantería del fondo.

—¿Qué pasa cuando a una mujer se le sube la calentura a la cabeza?

—Flota como un globo aerostático.

—¿En qué se parece una mujer a un semáforo?

—En que después de las 12 a.m. nadie las respeta.

—¿En qué se parece una mujer a un fósforo?

—En que sólo hay que calentarlas un poquito para que pierdan la cabeza.

—¿En qué se parece una mujer a un teléfono?

—En que en el teléfono para llamar hay meter el dedo y las mujeres hay que llamarlas para meterles el dedo.

—¿En qué se parece una mujer a un vagón de tren?

—En que se puede enganchar por los dos lados.

—¿Cuál es la diferencia entre una bicicleta y una mujer?

—Que a la bicicleta la inflas y después la montas y a la mujer te la montas y después se infla.

—¿En qué se parece la mujer a la bicicleta?

—En que cuando las vas a montar nunca se están quietas.

—¿En qué se parece una mujer a un coche?

—En que el coche coge a un niño y lo hace polvo, y la mujer coge un polvo y hace un niño.

—¿Por qué la mujer es el ser más inútil?

—Porque tiene dos gomas que no borran, una regla que no mide y un sapo que no canta.

😊

—¿En qué se parecen una mujer y una piscina?

—En que las dos son caras, y te puedes echar en ellas de vez en cuando.

😊

—¿En qué se parece la mujer a la nevera?

—En que el chorizo va adentro y los huevos en la puerta.

😊

—¿En qué se parece un crucigrama a una mujer?

—En que ambas se llenan y se tiran.

😊

—¿En qué se parece la mujer a una cuenta bancaria?

—En que todos los días se mete y se saca, y poco a poco se va perdiendo interés.

—¿Diferencias entre una mujer y una puerta?
—La puerta uno la empuja y se abre; la mujer se abre y uno se la empuja.

¿Qué tiene cerca de 20 cm de largo, más o menos 5 cm de ancho y vuelve locas a las mujeres?
—Los billetes de 500.

—¿En qué se parece una mujer a un teléfono público?
—En que a las dos por 10 euros, uno les puede meter el dedo nueve veces.

—¿En qué se parece un científico a una mujer?

—En que al científico le pasan muchas cosas por la cabeza, y a la mujer le pasan muchas cabezas por la cosa.

—¿Cuál es la diferencia entre el libro y la mujer?

—El libro empieza por la introducción y termina por el índice. La mujer empieza por el índice y termina por la introducción.

—¿Qué es hacer el amor?

—Es lo que hacen las mujeres mientras los hombres se las follan.

—¿Cuál es la temperatura ideal de la mujer?

—Bajo uno.

—Una mujer y un hombre chocan de frente con sus coches, el golpe es tan grande que quedan los coches completamente destrozados. Pero increíblemente ninguno de los dos sale lastimado.

—Después de salir de los coches la mujer dice:

—!Ay Dios!, mira nuestros coches!, no quedo nada de ellos y milagrosamente no tenemos ni un rasguño, esta debe ser una señal del Cielo de que nosotros debemos conocernos, ser amigos, y hacer el amor como desquiciados para el resto de nuestros días.

—Y el hombre viendo la belleza de la mujer contesta:

—¡Oh sí! estoy completamente de acuerdo contigo, esta es una señal de Dios.

—La mujer continúa:

—Mira, otro milagro, mi coche esta completamente destruido, pero esta botella de vino no se rompió, seguro que Dios quiere que nos la tomemos y celebremos nuestra buena suerte. Le da la botella al hombre, el acepta, la abre y se toma la mitad, se la devuelve a ella. Ella toma la botella e inmediatamente le pone el tapón y se la devuelve al hombre.

—El hombre extrañado la pregunta:

—¿No vas a beber?

—La mujer le responde:

—No, yo creo que mejor voy a esperar a la Guardia Civil para que hagan la prueba de alcoholemia.

Manual para el uso...

... de cajeros automáticos

En algunos bancos se incorporó, como novedad, un cajero automático del tipo «for cars», para utilizar desde el auto. De este modo, los clientes tienen ahora la posibilidad de extraer dinero sin bajarse del auto. Para aprovechar todas las ventajas de estas instalaciones, se recomienda tener en cuenta las siguientes indicaciones.

Clientes masculinos

1. Conduzca hasta el cajero automático.
2. Baje la ventanilla.
3. Introduzca su tarjeta y numero de clave.

4. Seleccione el importe deseado.
5. Retire el dinero.
6. Retire su tarjeta y recibo.
7. Cierre su ventanilla.
8. Retírese.

Clientes femeninos

1. Conduzca hasta el cajero automático.
2. Encienda el motor, que se le apagó.
3. Retroceda hasta el cajero automático.
4. Baje la ventanilla.
5. Tome su cartera, vacíela sobre el asiento del acompañante y busque su tarjeta.
6. Intente introducir su tarjeta en el cajero automático.
7. Abra la puerta para alcanzar mejor el cajero automático.
8. Introduzca la tarjeta.
9. Retire la tarjeta e introdúzcala nuevamente al revés.
10. Tome su cartera y busque su agenda: en la primera página tiene anotado su número de clave.
11. Introduzca su número de clave.

12. Presione «cancel» e introduzca nuevamente el número de clave, pero el correcto.

13. Seleccione el importe deseado.

14. Verifique nuevamente su maquillaje en el espejo retrovisor.

15. Retire el dinero y el recibo.

16. Vacíe nuevamente su cartera y busque su monedero, en el cual pondrá el dinero.

17. Guarde el comprobante en algún lugar de la cartera.

18. Controle nuevamente su maquillaje.

19. Conduzca dos metros hacia adelante.

20. Retroceda hasta el cajero automático.

21. Retire su tarjeta.

22. Vacíe nuevamente su cartera y coloque la tarjeta en el lugar correspondiente.

23. Apague el limpia parabrisas que accionó por error.

24. Encienda el motor que se le apagó.

25. Conduzca unos 3 o 4 quilómetros.

26. Suelte el freno de mano.

27. Apague los intermitentes.

28. Ahora sí, ...puede seguir su viaje.

Un poco
de todo

Cursillos para mujeres

Los cursos serán de un mes de duración cada uno en horario de mañana y tarde, de lunes a viernes y prácticas los sábados.

—El silencio I: técnicas básicas para estar calladas dos minutos (prácticas con esparadrapo).

—El silencio II: técnicas avanzadas para estar calladas cinco minutos (prácticas con bozal).

—El teléfono: ¿se puede vivir también sin él?

—El teléfono y la mamá: cómo llamarla menos de 40 veces al día.

—Las rebajas I: técnicas de compra con artes marciales (prácticas en grupo).

—Las rebajas II: cómo comprar artículos útiles.

—Cómo eliminar, antes de acostarse, el dolor de cabeza.

—Cómo eliminar, antes de acostarse, el dolor de barriga.

—Cómo eliminar, antes de acostarse, el cansancio.

—Cómo eliminar, antes de acostarse, otras dolencias e indisposiciones.

—Los escaparates: cómo saltarse alguno.

—El coche I: cómo evitar ser un peligro público.

—El coche II: cómo conducir mirando al frente.

—El coche III: cómo aparcar a menos de un metro de la acera.

—La peluquería: causas de su adicción.

—La lectura: existe, aunque parezca mentira, algo más que la prensa del corazón.

—Cómo ir al Corte Inglés sin fundir la tarjeta.
—Cómo ocupar sólo la mitad del armario.
—Arreglarse: cómo hacerlo en solo dos horas.

—El dinero I: la evaporación.
—El dinero II: demostraciones de que no vuela.

—La foca: no es un animal a imitar.
—El marujeo: cómo evitar esta práctica en peluquerías, aceras, cafeterías, etc.
—El marujeo e Internet.
—El reloj: ¿se puede utilizar además de adorno?
—La puntualidad: ¿qué es eso?
—La televisión y la telenovela: cómo distinguirlas.

—Cómo comprar los zapatos de tu número.

—Prácticas de vuelo con accesorios íntimos con alas.

—La mujer y su neurona: cómo cuidar la única que tienes.

—Cómo ir al WC sola.

—Los 835 productos básicos de belleza (prácticas con cremitas).

—El bolso: técnicas de llenado.

Por la dureza de las prácticas, se contará siempre con un equipo médico de guardia y ambulancias.

Parecidos y diferencias de la mayoría de las mujeres con las distintas cosas

—¿En qué se parecen las mujeres a los teléfonos públicos?

—En que si no es con efectivo, tarjeta o golpes no funcionan.

—¿En qué se parecen las mujeres al microondas?

—En que parece que sirven para todo y al final lo único que hacen es calentar.

—¿Qué es mejor cagar o follar?

—¡Cagar! porque después no tienes que estar dándole besitos al váter durante media hora.

—¿En qué se parecen las mujeres a las dentaduras?

—En que para que no te den problemas tienes que tener «pasta» y cepillarlas a diario.

—¿En qué se parecen las mujeres a las monedas?

—En que algunas se regalan, otras las ganas, pero a la larga, ninguna sirve para un carajo.

—¿En qué se parecen las mujeres a los perros?

—En que mueven la cola cuando buscan dueño.

—¿En qué se parecen las mujeres al chocolate?

—En que si no están calientes no vale la pena meter el churro.

—¿En qué se parecen las mujeres a los clavos?

—En que si no les pegas en la cabeza, son totalmente inútiles.

—¿En qué se parecen las mujeres a unos zapatos nuevos?

—En que con un poquito de alcohol aflojan.

Las mujeres con senos pequeños
son inteligentes.
Por eso a mi me gustan
las brutas.

—¿Cuál es la diferencia entre algunas mujeres y algunos hombres?

—La mujer tiene más semen.

—¿En qué se parece una mujer y una lamparita quemada?

—En que una es tan brillante como la otra.

—¿Cuál es la diferencia entre una mujer y un baño?

—El baño no te sigue después de haberlo usado.

Otras cosillas

—¿Sabes cuál es la diferencia entre una niña y una mujer?

—A la niña la llevas a la cama y le cuentas un cuento, a la mujer le cuentas un cuento y la llevas a la cama.

—¿Qué hacen tres mujeres en una isla desierta?

—Se juntan dos y critican a la otra.

—¿Qué es una vieja solterona?

—Una mujer que ha vivido muchas Navidades, pero ninguna Nochebuena.

—¿Qué es lo que más te gusta de una mujer?

—A mí, las piernas.

—Pues mira, yo es lo primero que aparto.

—Un niño acompaña a su mamá a la iglesia porque se casa la hija de una amiga, en un momento dado el niño pregunta:

—Mamá, ¿por qué la novia está vestida de blanco.

—Porque es el día más feliz de su vida, contesta la mamá.

—Entonces ¿por qué el novio está de negro?

—¿Cuál es la diferencia entre la esposa y la amante?

—50 kilos.

—¿Cuál es la mujer más inteligente de España?

—Biby Andersen.

—¿Cuál es la peor desgracia para una mujer?

—Parir un bebé varón, porque después de que por fin durante 9 meses han tenido un cerebro en su interior van y lo expulsan.

—¿Cuándo serán las mujeres iguales a los hombres?

—Cuando consigan mear varias a la vez en un tubo.

—¿En qué momento del acto sexual gritan más las mujeres?

—Cuando terminamos y nos limpiamos la polla con las cortinas.

—Le dice una amiga a otra:

—Oye chica, ¿tú sabes dónde puedo conseguir un mago?

—En internet, ahí podrás conseguir cualquier tipo de mago. ¿Y para quieres un mago tan urgente?

—Para el frío de mi marido, a ver si le pone la varita en funcionamiento.

—Una mujer está caminando en la playa y de pronto se encuentra una vieja lámpara.

—La recoge, la frota y ¡Paff! aparece un genio. La asombrada mujer le pregunta que si le puede dar los clásicos tres deseos.

—No señora, en estos tiempos conceder tres deseos ya es muy difícil... Con esta inflación que se está viviendo, el creciente desempleo, el salario infame, los políticos y los altos precios del petróleo, lo más que le podría conceder sería un sólo deseo y diga que le fue bien, así que ¿qué quiere?...

—La mujer decide y dice:

—Quiero que haya paz en el Medio Oriente.

—El genio le pregunta:

—¿Cómo dice?

—Ella contesta: —¿Ves este mapa? Pues deseo que estos países se dejen de estar peleando entre sí—.

—El Genio mira el mapa y dice:

—¡Válgame, señora! Estos países han estado en guerra durante milenios. Yo seré muy bueno en mi trabajo, pero ¡caramba!, no soy tan bueno como para lograr eso que pide. Mejor pídame otra cosa más fácil.

—La mujer piensa un rato y le dice:

—Bueno, la verdad es que nunca he podido conseguir mi hombre ideal. Quiero un hombre que sea considerado y divertido, que le guste cocinar y ayudar en la limpieza del hogar, que sea muy bueno en la cama y que se lleve muy bien con mi familia. Que no se pase todo el tiempo viendo los deportes en la TV y que, además, siempre me sea fiel...

—El Genio deja escapar un largo suspiro y le contesta:

—¡A ver, traiga acá ese puto mapa!

—Una niña acaba de volver a casa con su madre después del primer día en el ginecólogo, el padre le pregunta:

—¿Qué? ¿Qué te ha dicho el ginecólogo?

—La niña contesta:

—Que tengo un cepillo en los ovarios.

—El padre, asustado, mira a la madre.

—No Luis, no te asustes, —le responde— el ginecólogo ha dicho que se la han cepillado uno o varios—.

Récords guinness...

... de mujeres

Maquillaje

El récord de no hacer caso a los semáforos mientras se maquillaba lo tiene la señora Janet Dodson en 1 hora 51 minutos y 8 segundos en el cruce de carreteras en el centro de Preston el 1 de agosto de 1975. La señora Dodson, profesora de piano, estuvo maquillándose durante 212 ciclos de semáforo, creando una cola de 45 km.

☺

Estacionamiento

El sitio de aparcamiento mas pequeño utilizado con éxito por una mujer fue de 20 metros, equivalente a tres plazas de aparcamiento normales, por la señorita Elizabeth

Simpkins conduciendo un Opel Corsa el 2 de octubre de 1993. Comenzó la maniobra a las 11:15 de la mañana y consiguió aparcar a 50 cm de la acera 8 horas y 14 minutos después. Hubo pequeños daños en los parachoques de su propio coche y en los de los dos coches adyacentes, así como dos faros rotos.

Freno de mano

El viaje más largo realizado por una mujer con el freno de mano echado fue de 504 km por Julie Thorn al volante de un Saab 900 el 2 de abril de 1987. A los 5 kilómetros del viaje la señora Thorn comenzó a oler a quemado, pero continuo el viaje echando humo por las ruedas traseras. Este viaje, además consiguió los récords del viaje más largo completado con el starter completamente abierto y con el intermitente derecho puesto.

Lavabo

El récord de grupo de mujeres mas grande
en ir juntas al lavabo lo poseen 147 trabaja-
doras del departamento de Seguridad So-
cial en Longbenton. En su celebración anual
de las Navidades en un night club de New-
castle-upon-tyne el 12 de octubre de 1994, la
señorita Beryl Crabtree se levantó para ir al
lavabo e inmediatamente fue seguida por
otras 146 asistentes a la fiesta. Moviéndose
como una masa, el grupo entró en el lavabo
a las 9:52 de la noche y, después de esperar
a que todas acabaran, salieron 2 horas y 37
minutos más tarde.

☺

Cotilleo

El 18 de febrero de 1992, Joyce Blatherwick, íntima amiga de Agnes Banbury, le
comentó en la más estricta confidenciali-
dad durante una visita para tomar el té, que
estaba teniendo una aventura con el carnicero. Después de que la señora Blatherwick
se marchase a las 2:10 de la tarde, la señora

Banbury comenzó inmediatamente a contárselo a todo el mundo, haciéndoles jurar que no se lo contarían a nadie. Hacia las 2:30 de la tarde, se lo había contado a 128 personas. Hacia las 2:50, ya eran 372 y sobre las 4:00, 2.774 personas conocían la aventura, incluyendo el grupo amateur local de teatro, algunos centros culturales, un autobús repleto de turistas estadounidenses y la mujer del carnicero. Cuando la señoara Banbury se acostó, completamente agotada, a las 11:55 esa noche, la aventura de la señora Blatherwick era conocida por 75.338 personas, suficientes para llenar el estadio de Wembley.

☺

Tiendas

El récord de tiempo gastado dudando en una tienda fue de 12 días, entre el 21 de agosto y el 2 de septiembre de 1995, por Sandra Wilks en la tienda de *Dorothy Perkins* en Birmingham. La señora Wilks entró en la tienda un sábado por la mañana y no fue capaz de elegir entre dos vestidos prácticamente iguales que estaban en rebajas. Después de una hora, su marido, sentado en una silla en el probador apoyando la cabeza en las manos, le dijo que comprara los dos. Al final, la señora Wilks compró uno por 12.99 euros y volvió a la tienda al día siguiente a cambiarlo por el otro. Hasta hoy todavía no se lo ha puesto. La señora Wilks también posee el récord de tiempo mirando un escaparate, establecido cuando el 12 de septiembre de 1995 estuvo sin moverse mirando un par de zapatos de un escaparate durante tres semanas y dos días antes de volver a casa.

Rebajas

El récord de mujeres fallecidas en el mismo día y lugar mientras peleaban por entrar a una tienda en rebajas es de 98, en febrero de 1991. Cuando las puertas de la tienda se abrieron a las 10 de la mañana, la pelea inicial por entrar primero se cobró 16 vidas, y

25 vidas más estrujadas en el primer estante. La puesta en venta de vestidos a 10 euros desembocó en un tumulto a gran escala que acabó con la pérdida de otras 18 vidas. Otras 39 mujeres fallecieron como consecuencia de una batalla campal ocasionada por conseguir bragas a 50 céntimos.

☺

Diálogo

La señora Mary Caterham y la señora Marjorie Steele se sentaron en la cocina y hablaron sobre nada en particular durante cuatro meses y medio ininterrumpidamente, desde el 1 de mayo de 1978, descansando solo para tomar café, pasteles e ir al servicio. Durante todo este tiempo, ninguna información fue intercambiada y por supuesto ninguna de las dos aprendió nada de la otra. El récord al aire libre lo mantienen la señora Vera Etherington y su vecina la señora Dolly Booth, las cuales entre el 11 de noviembre de 1983 y el 12 de enero de 1984, estuvieron hablando a través de la verja de su jardín en un dialogo sin sentido durante casi 62 días, hasta que la señoa Booth recordó que había dejado el agua del baño abierta.

☺

Cine

El récord de tiempo que una mujer ha estado viendo una película con su marido sin hacer una pregunta estúpida sobre la película se consiguió el 28 de octubre de 1990, cuando la señora Ethel Brunswick se sentó en el cine con su marido para ver *The Ipcress File*. Estuvo mirando la película en silencio durante 2 minutos y 42 segundos, antes de preguntar: «Ese es bueno o malo, ese, el que lleva gafas». Con esto batió su propio récord establecido en 1962 cuando aguanto 2 minutos y 38 segundos de la película *Escuadrón 633* antes de preguntar: «¿Es una película de guerra?».

☺

Hablar

Una mujer de Oxfordshire a conseguido ser la primera en romper la barrera de los 30 minutos seguidos diciendo una sola frase sin tomar aliento. La señora Mavis Sommers, de 48 años, destrozó el antiguo récord de 23 minutos cuando explicaba muy excitada a su vecina una discusión que había tenido con su carnicero. Consiguió estar 32 minutos y 12 segundos hablando sin coger aire, antes de ponerse azul y sufrir un colapso. Fue llevada a un hospital y dada de alta más tarde tras ser sometida a diversos chequeos. En el punto álgido de su locución alcanzó la increíble cifra de 680 palabras por minuto, repitiendo los puntos principales de su historia 114 veces.

Ríete con...
los mejores chistes feministas

Se dice que los hombres son como la publicidad, la mayoría de cosas que cuentan son mentira. Pero aquí encontrará toda la verdad sobre el género masculino y podrá reírse con todo aquello que a las mujeres se les ocurre sobre maridos, novios o amantes...
Porque en la guerra de sexos todo vale, este libro es una muestra de lo más mordaz, irónico y sagaz que generan los conflictos de pareja.

Ríete con...
los mejores chistes breves

Bienvenidos a la más completa selección de chistes breves. Fáciles de memorizar, divertidísimos y variados, le servirán para animar la próxima reunión de amigos. En este libro encontrará apuntes de la vida cotidiana, respuestas ingeniosas a preguntas absurdas, parecidos razonables, diferencias y otras historias que nos harán reír y pasar un buen rato.

Ríete con...
los mejores chistes crueles

Ante usted la más completa selección de chistes crueles. En este libro encontrará crueldades médicas, póstumas, universitarias, familiares, infantiles... todo un universo que especula entre lo macabro y lo "muy bestia". Estas páginas encierran lo mejor—o lo peor— del lado oscuro que todos llevamos dentro.